'O nā keiki 'ele'ele?

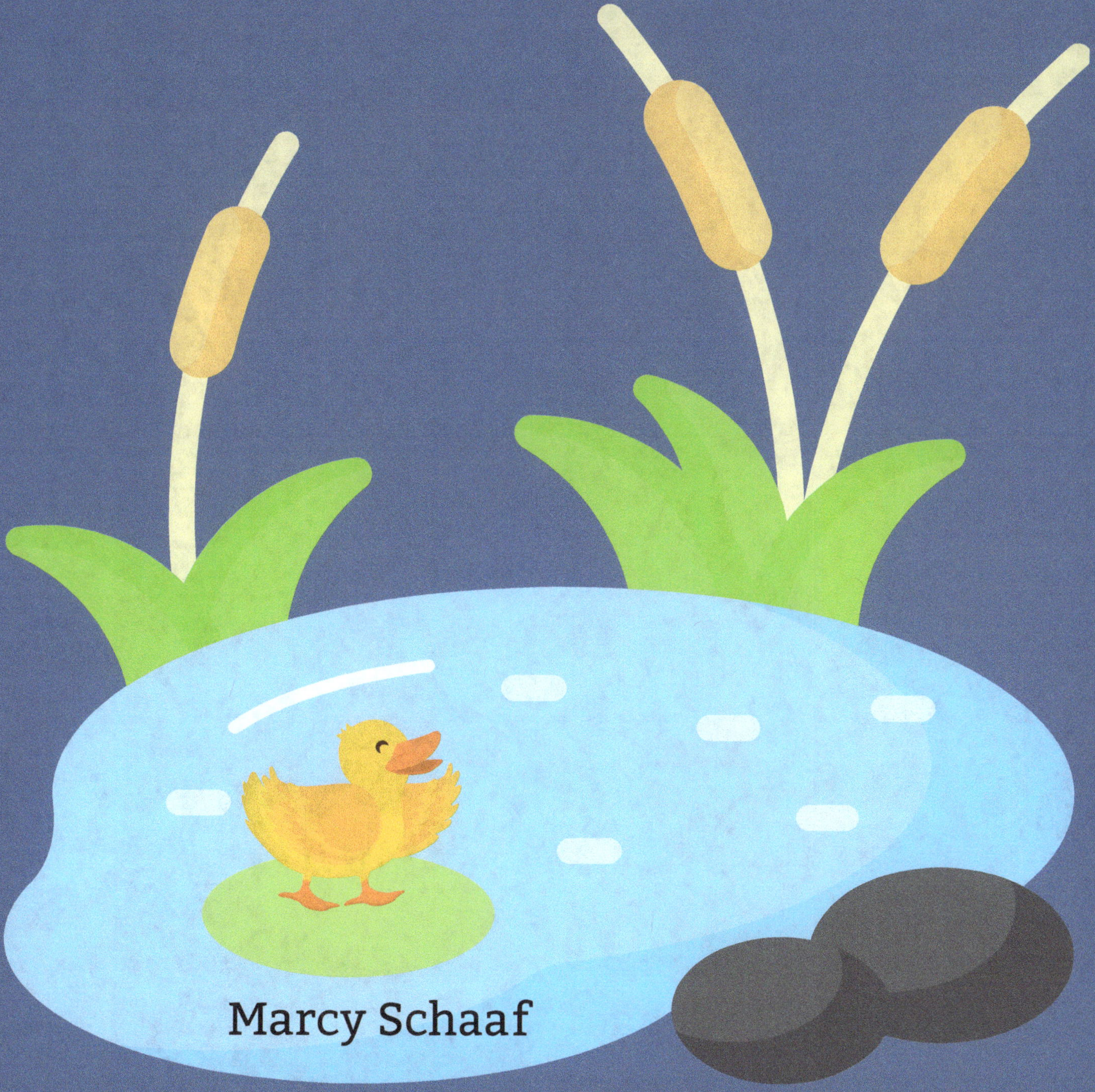

Marcy Schaaf

Ducklings?

Communication and Imagination

Marcy Schaaf

Kākau kope @ 2023 Marcy Schaaf Ducklings?

Copywrite @ 2023 Marcy Schaaf Ducklings?

Dedicated to the love we share with our cousins

Hoʻolaʻa i ke aloha a mākou e kaʻana like me ko mākou mau hoahānau

Based on the true story of cousins Kamley Grace Smith and Whitney Love which took place at Aunt Marcy's house by Genesee Valley Mall in Flint, Michigan

Ma muli o ka moʻolelo maoli o nā hoahānau ʻo Kamley Grace Smith lāua ʻo Whitney Love i hana ʻia ma ka hale o ʻAnakē Marcy e Genesee Valley Mall ma Flint, Michigan

"Ducklings?" is a heartwarming children's book that takes readers on a delightful journey with two cousins, Kamley and Whitney, during their overnight stay at Aunt Marcy's house. A charming misunderstanding about dinner plans leads to a humorous and endearing adventure as the girls wonder if "Chicken Ducklings" are on the menu. With the guidance of their loving Aunt Marcy, they learn the importance of curiosity and the power of family bonds. This enchanting tale celebrates the joy of family, the magic of imagination, and the enduring love shared between relatives.

He puke ʻoluʻolu a nā keiki ʻo "Ducklings?" e lawe ana i ka poʻe heluhelu i kahi huakaʻi leʻaleʻa me nā hoahānau ʻelua, ʻo Kamley lāua ʻo Whitney, i ko lāua noho ʻana i ka pō ma ka hale o ʻAnakē Marcy. inā ʻo "Chicken Ducklings" ma ka papa kuhikuhi. Me ke alakaʻi ʻana a ko lākou ʻAnakē Marcy aloha, ua aʻo lākou i ke koʻikoʻi o ka ʻimi a me ka mana o ka pilina ʻohana. kaʻana like ma waena o nā ʻohana.

Ducklings?

ʻO nā keiki ʻeleʻele?

Meet Kamley and Whitney,
two cousins so dear,
Aunt Marcy's house,
their adventure starts here.

E hui me Kamley lāua ʻo
Whitney, ʻelua mau
hoahānau aloha, ʻo ka hale o
ʻAnakē Marcy, hoʻomaka kā
lāua huakaʻi ma ʻaneʻi.

With pajamas and giggles,
they hopped into bed,
At Aunt Marcy's house,
they'd rest their sweet heads.

Me nā lole moe a me nā
ʻakaʻaka, lele lākou i kahi
moe, Ma ka hale o ʻAnakē
Marcy, hoʻomaha lākou i ko
lākou mau poʻo.

In the morning,
a riddle they didn't foresee,
Aunt Marcy's plan,
a surprise yet to be.

I ke kakahiaka, he nane a lākou i ʻike ʻole ai, ʻo ka manaʻo o ʻAnakē Marcy, he mea kāhāhā.

"Kamley and Whitney,"
Aunt Marcy did say,
"Chicken dumplings for dinner,
what do you say?"

"'O Kamley lāua 'o Whitney," i 'ōlelo ai 'o
'Anakē Marcy, "'O nā dumpling moa no ka
'aina ahiahi, he aha kāu e 'ōlelo ai?"

Kamley, so puzzled,
whispered to Whitney,
"Chicken ducklings for dinner?
Is that what we'll see?"

Ua hāwanawana ʻo Kamley iā Whitney,
"ʻO ka moa ʻekekeke no ka ʻaina ahiahi?
ʻO ia kā mākou e ʻike ai?"

Whitney looked puzzled,
her eyes round and wide,
"Chicken ducklings, you say?
Are they safe to be fried?"

ʻIke ʻia ʻo Whitney me ka pīhoihoi, a puni
kona mau maka a ākea, "E nā moa ʻiʻo,
ʻōlelo ʻoe?
Ua palekana anei lākou i ka ʻai ʻia?"

Kamley wondered,
her imagination sparked,
"Are they fluffy and yellow,
like ducks in the park?"

Ua noʻonoʻo ʻo Kamley, ua ulu aʻe kona noʻonoʻo, "He ʻulaʻula a melemele paha lākou, e like me nā ʻeke i loko o ka paka?"

Aunt Marcy chuckled, a twinkle in her eye,
"Chicken dumplings, my dears,
not ducklings to fry!"

Ua ʻakaʻaka ʻo ʻAnakē Marcy me ka ʻōlinolino o kona mau maka, "'O nā dumpling moa, e kuʻu mau mea aloha, ʻaʻole nā keiki ʻeleʻele e ʻai!"

With tummies now grumbling,
they set the table with glee,
Aunt Marcy's dumplings,
the best they would be.

Me ka ʻōhumu ʻana o ka ʻōpū, hoʻonoho lākou i ka papaʻaina me ka ʻoliʻoli, nā dumplings a ʻAnakē Marcy, ʻoi aku ka maikaʻi.

Kamley and Whitney,
with smiles so wide,
Gobbled up dumplings,
side by side.

ʻO Kamley lāua ʻo Whitney, me nā ʻakaʻaka
ākea loa, Gobbled up dumplings, ʻaoʻao.

Their tummies were happy,
their hearts full of cheer,
As they learned what "dumplings"
meant, loud and clear.

Hauʻoli ko lākou ʻōpū, piha ko lākou naʻau i ka hauʻoli, I ko lākou aʻo ʻana i ke ʻano o ka "dumplings", leo nui a maopopo.

So remember, my friends,
when things seem unclear,
Ask questions,
be curious, have no fear!

No laila, e hoʻomanaʻo, e nā hoa, ke ʻike maopopo ʻole ʻia nā mea, E nīnau i nā nīnau, e ʻimi, mai makaʻu!

The night at Aunt Marcy's,
a memory so grand,
With laughter and love,
they'd forever understand.

'O ka pō ma 'Anakē Marcy, he ho'omana'o nui loa, Me ka 'aka'aka a me ke aloha, e ho'omaopopo mau lākou.

Aunt Marcy, so patient,
with a heart that's so kind,
Taught Kamley and Whitney,
expanding their mind.

'O 'Anakē Marcy, ho'omanawanui loa, me ka pu'uwai lokomaika'i, a'o 'o Kamley lāua 'o Whitney, e ho'onui ana i ko lāua mana'o.

So cherish your family,
hold them so near,
For the bond that you share
is something so dear.

No laila, mahalo i kou
'ohana, e ho'opa'a loa iā
lākou, No ka mea, 'o ka pa'a
āu e ka'ana like ai he mea
aloha.

With Aunt Marcy's love and a lesson so clear,
They knew they were cherished, year after year.

Me ke aloha o ʻAnakē Marcy a me kahi
haʻawina i maopopo loa, Ua ʻike lākou ua
aloha ʻia lākou i kēlā me kēia makahiki.

So remember the lesson, so simple, so true,
Love conquers all, in everything that you do.

No laila e hoʻomanaʻo i ka haʻawina, maʻalahi,
ʻoiaʻiʻo, lanakila ke aloha i nā mea āpau, i nā
mea a pau āu e hana ai.

And so, our sweet cousins,
in pajamas so neat,
Cuddled up close,
a sleepover treat.

A no laila, ko mākou mau kaikunāne, i
loko o ka lole moe nani loa, Hanu ihu i ka
pilikia, he waiwai moeuhane.

With dreams full of dumplings
and ducklings so sweet,
They drifted to dreamland,
all snug in their sheet.

Me nā moeʻuhane i piha i nā dumplings a me
nā ʻiʻo ʻiʻo ʻono loa, Ua ʻauheʻe lākou i ka ʻāina
moeʻuhane, ua paʻa nā mea a pau i loko o kā
lākou pepa.

As stars twinkled softly,
Aunt Marcy smiled too,
Her love for the cousins,
forever true.

I ka ʻālohilohi ʻana o nā hōkū,
ʻakaʻaka pū ʻo ʻAnakē Marcy, ʻO
kona aloha i nā hoahānau,
ʻoiaʻiʻo mau loa.

The story reminds us,
with each passing day,

Misunderstandings
can happen,

but love lights
the way.

Hoʻomanaʻo mai ka moʻolelo iā mākou, me kēlā me kēia lā e hala ana,
Hiki ke kuhi hewa,
aka, ke aloha ke kukui i ke ala.

The end of our story,
it's time now for bed,
With dreams full of love,
rest your weary head.

ʻO ka pau ʻana o kā kāua moʻolelo, ʻo ia ka manawa e moe ai, Me nā moeʻuhane piha i ke aloha, hoʻomaha i kou poʻo luhi.

Good Night!

Aloha ahiahi!

I have fond memories of cooking a beloved recipe with my mother, Constance Inze Schaaf. This cherished family recipe was discovered in the St. Leo's Catholic Church cookbook, a staple in our household, as my parents were active members of the church in Flint, Michigan. Together, we would gather the ingredients and follow the instructions passed down through generations in that cherished cookbook. The experience was not just about the delicious meal we created, but also about the quality time spent bonding and sharing stories in the kitchen, a tradition that remains close to my heart. (recipe below)

He mau hoʻomanaʻo maikaʻi koʻu i ka kuke ʻana i kahi meaʻai aloha me koʻu makuahine, ʻo Constance Inze Schaaf. Ua ʻike ʻia kēia meaʻai aloha ʻohana ma ka puke kuke ʻo St. Leo's Catholic Church, he mea nui i ko mākou ʻohana, ʻoiai he mau lālā ikaika koʻu mau mākua no ka hale pule ma Flint, Michigan. E hōʻiliʻili mākou i nā mea ʻai a hahai i nā ʻōlelo aʻoaʻo i hāʻawi ʻia i nā hanauna i loko o kēlā puke kuke punahele. ʻAʻole pili wale ka ʻike i ka ʻai ʻono a mākou i hana ai, akā pili pū kekahi i ka manawa maikaʻi o ka hoʻopaʻa ʻana a me ka haʻi ʻana i nā moʻolelo i loko o ka lumi kuke, kahi kuʻuna pili i koʻu puʻuwai. (mea ʻai ma lalo)

Connie Schaaf

CHICKEN-FILLED BISCUIT DUMPLINGS

10 3/4 oz. can golden mushroom soup
10 3/4 oz. can cream of chicken soup
1 1/4 c. water
1/2 c. chopped green pepper
2 tbsp. chopped onion
1 1/2 c. cooked, finely chopped chicken or turkey
1/4 c. finely chopped celery
2 tbsp. chopped onion
1 tsp. parsley flakes
1/4 tsp. pepper
7.5 oz. can Pillsbury refrigerated biscuits
Fresh parsley (opt.)

In large skillet, combine soups, water, green pepper, and 2 tablespoons onion. Heat, stirring occasionally, until bubbly; reduce heat and simmer while preparing dumplings. Combine chicken, celery, remaining 2 tablespoons onion, parsley and pepper. Separate dough into 10 biscuits; press or roll each to a 4" circle. Place approximately 1/4 cup chicken mixture on center of each biscuit. Wrap dough around mixture, firmly pressing edges to seal tightly. Place dumplings, sealed edges down, in hot soup mixture; spoon soup over dumplings. Cover tightly and simmer over low heat 20 to 25 minutes or until dumplings are no longer doughy. Garnish with fresh parsley. 4 to 5 servings.

NA PALAPALA PAHIIA MAA

10 3/4 oz. hiki i ke gula mushroom soup
10 3/4 oz. hiki ke kilika o ka moa sopa
1 1/4 c. wai
1/2 c. ʻoki ʻia ka pepa ʻōmaʻomaʻo
2 tbsp. ʻoki ʻokiʻoki
1 1/2 c. moʻa, ʻokiʻoki maikaʻi ʻia ka moa a i ʻole ka turkey
1/4 c. ʻoki maikaʻi ʻia ka celery
2 tbsp. ʻoki ʻokiʻoki
1 tsp. pā paʻi flakes
1/4 tsp. pepa
7.5 oz. hiki Pillsbury refrigerated biscuits Fresh parsley (opt.) I loko o ka skillet nui, hoʻohui i ka soups, ka wai, ka pepa ʻōmaʻomaʻo, a me 2 punetēpē onion. E wela, e hoʻoulu i kekahi manawa, a hiki i ka huʻi; e hoʻemi i ka wela a hoʻomoʻa i ka wā e hoʻomākaukau ana i nā dumplings. E hoʻohui i ka moa, ka celery, koe 2 punetēpē onion, parsley a me ka pepa. E hoʻokaʻawale i ka palaoa i 10 mau kuki; e kaomi a olokaa paha i ka poai 4. E kau ma kahi o 1/4 kapu moa i huiia ma ke kikowaena o kela kuki. ma luna o nā dumpling. E uhi paʻa a hoʻomohu me ka wela haʻahaʻa no 20 a 25 mau minuke a i ʻole a pau ʻole ka palapala ʻana o ka dumpling, e hoʻonani me ka pasili hou. 4 a 5 mau lawelawe.

Picture of Kamley Grace Smith and
Whitney Love taken at the Schaaf
family Property on Jose Lake in
Hale, Michigan (Up North)

ʻO ke kiʻi o Kamley Grace Smith lāua ʻo Whitney Love i lawe ʻia ma ka ʻohana Schaaf Property ma Jose Lake ma Hale, Michigan (Up North)

Aunt Marcy holding
Kamley Grace Smith
Flint, Michigan 1992

ʻO ʻAnakē Marcy e paʻa
ana iā Kamley Grace
Smith Flint, Michigan
1992